AF599860

MILAGROS SALVADOR

XILÓFONO DE FONDO

MILAGROS SALVADOR

XILÓFONO DE FONDO

Prólogo
BERTHA MARÍA DÍAZ OLMOS

HUERGA & FIERRO editores

Diseño de Colección: Huerga y Fierro

Primera edición: 2024

© Prólogo: Bertha María Díaz Olmos
© Fotografía de la autora: Luis López-Salvador

© Milagros Salvador
Derechos exclusivos de edición en castellano
reservados para todo el mundo

© 2024: Huerga y Fierro editores, S.L.U.
C/Sebastián Herrera, 9
28012 Madrid-España
Telf.: 91 467 63 61
www.huergayfierro.com
huerga@huergayfierro.com

I.S.B.N.: 978-84-128322-3-5
Depósito Legal: M-8304-2024
Impreso en Romadac Industria del Libro
Impreso en España/Printed and made in Spain

Cualquier forma de reproducción, distribución, comunicación pública
o transformación de esta obra solo puede ser realizada con la autorización
de sus titulares, salvo excepción prevista por la ley. Diríjase a CEDRO
(Centro Español de Derechos Reprográficos) si necesita fotocopiar
o escanear algún fragmento de esta obra.
(www.conlicencia.com; 34 91 702 19 70 / 34 93 272 04 47)

Prólogo

¿Será porque México se escribe con "X"? No deja de ser curioso que Milagros Salvador me haya elegido a mí, mexicana, escribir el prólogo de su más reciente poemario, Xilófono de fondo. *Dicen que las casualidades no existen, pero las causalidades sí. No sólo por la 'x' de México sino porque Milagros Salvador, entre las muchas distinciones recibidas, hay una especial: el Reconocimiento de la Benemérita Escuela Nacional del Cuerpo de Maestros de México. Y también porque me ha regalado tres prólogos para mi trilogía en prosa y verso de La Malinche, Doña Malinche, figura determinante de la historia compartida entre México y España. Con la generosidad que la caracteriza, su nombre aparece en los prólogos de muchos otros poetas hispanoamericanos. A ambos lados del Atlántico, los* hispanohablantes, *que cuando deletreamos y llegamos a la letra "X", decimos 'x de xilófono'.*

En este poemario Milagros Salvador, con la letra X, recuerda aquel modesto instrumento que tuvo de niña. El Xilófono, *instrumento de percusión que en la orquesta se encuentra al fondo. De esa misma forma nos habla de su infancia que, desde el fondo de nuestra memoria, se hace más presente conforme vivimos. A lo largo de setenta y cuatro poemas, la lectura de* Xilófono de fondo, *nos lleva de la mano y casi flotando, al recuerdo de la Infancia, donde "jugábamos a ser adultos".*

La X, vigésimaquinta letra del abecedario. *Éste es también el vigésimo quinto poemario de su colección "abecedárica". Un recorrido poético lineal de la A a la Z. cuyos títulos empiezan con una letra secuencial del abecedario.*

Dice Milagros Salvador: "Cuando empecé a publicar quise organizar mi futura estructura y me gustó la idea de que mis poemarios siguieran en su título el orden alfabético. Ya me quedan pocas letras, y así intento cumplir mi compromiso con el abecedario".

En los poemarios que anteceden a éste (A-W), Milagros Salvador nos ha emocionado con su tratamiento del lenguaje y, como educadora de espíritu libre, ha recuperado palabras castellanas ya enterradas. Algunas las busqué en el diccionario, lo que da realce a la imagen poética. He puesto el significado de la RAE de las que más me han llamado la atención. Os invito a que las encontréis en este poemario, como si de un rompecabezas se tratara y disfrutéis de este tesoro poético, donde la autora armoniza infancia con música y palabra:

—"Igual que una mejana": Isleta de un río.
—"Sin inducia": Tregua o dilación.
—"Ilapso": Especie de éxtasis contemplativo.
—"Sus raquis": Raspa o eje de una espiga, columna, espina, espinazo.
—"Péndola": Pluma de ave.
—"Una asilada soledad": Acogida, centro de beneficencia.
—"Cubierto por la palia más pura": Lienzo sobre el que se extienden los corporales para decir misa.
—"Mirífica": Admirable, maravilloso.
—"Fácula": Cada una de las zonas más brillantes que se observan en el disco del sol.

Milagros Salvador nos presenta Xilófono de fondo *en cuatro partes:*

I. *Xilófono de fondo*

Hablo desde la memoria
que ha quedado suspendida,
porque nunca fue vencida
sabe vibrar en mi historia.

Y nos dice: "En la primera parte ha rescatado un poema de la adolescencia que ha rematado con dos versos". Poema que su madre conservó y la autora encontró. En él se adivina lectura adolescente -Rubén Darío- aunque ya se perfilaba su marca personal y su estilo literario.

EN EL COLEGIO

Preguntó
una niña en la escuela:
profesora ¿qué hacen
en el cielo las estrellas
cuando ellas nos iluminan?

(Reflexión,
la armonía general
que con la música llega.)

(Poema rescatado, escrito en la adolescencia).

II. *En alas de la música*

Milagros Salvador versifica *la importancia que tienen aquellas primeras canciones escuchadas en la niñez. A pesar de haber nacido en tiempos de posguerra, la autora incluye en este apartado en muchas ocasiones el sustantivo "milagros", quizá porque la infancia y la música 'podían hacer milagros'.*

ENTONCES

No era entonces tiempo
de canciones felices
ni de figuras de colores,
pero aquella niñez tenía un hada
que pudo hacer milagros,
o así lo parecía.

III. *Y siempre la palabra*

Ya que como trovadora su herramienta es la palabra, en este apartado nos regala poemas con sentido filosófico o existencial donde reflexiona en un lenguaje directo y sintáctico. Palabras que crean significados, en consonancia con la exigencia de la poesía.

NACIMIENTO

Nace el hombre en la palabra
y la palabra en el hombre,
el milagro personal
de ampliar el horizonte,
desde su mundo pequeño
a la inmensidad del orbe.

IV. *Perlas*

Por ser poemas de cuatro versos. Copla castellana. Muy frecuente del Barroco. La vena de poeta española, a veces lorquiana.

Cuando la luna aparece
con medio anillo dorado,
sabemos que el otro medio
tiene en el cielo guardado.

De mi vida en Madrid y mis estudios literarios, una de las primeras frases que escuché fue ésta de Baltasar Gracián: "lo bueno si breve, dos veces bueno".

Sólo repetir, como dije al principio que no existen casualidades, pero sí causalidades. Milagros Salvador y yo, casualmente, a pesar de haber nacido en continentes diferentes también compartimos, en algún momento, las enseñanzas del poeta y profesor de literatura Carlos Bousoño.

Espero que esta introducción al poemario con X, Xilófono de fondo, *vigésimo quinto de la colección "abecedárica" de la autora, se perciba en el espejo de obsidiana o "Cristal de la Verdad", en el que se miraban los aztecas para liberarse de las sombras.*

Gracias querida Mila, Milagros Salvador.

Bertha María Diaz Olmos

En la música:

Margarita Baranda, Jatuna Chagunava, Mariam Chanturia, Alfonso Gardi, Mª Isabel Sainz, Henar Hernández Montero, Felipe Sanz y Raúl Vadillo Rupérez

En la palabra:

Rafael Luna García

XILÓFONO DE FONDO

Aún me queda de niña el corazón.

I. Xilófono de fondo

En el fondo del recuerdo

Eres viejo xilofón
el recuerdo de unos años
que venció los desengaños
que hirieron el corazón.

Hablo desde la memoria
que ha quedado suspendida,
porque nunca fue vencida
sabe vibrar en mi historia.

Cuando de niña tocaba
con palitos de madera,
una canción verdadera
que en las teclas celebraba.

Saltan las notas

Saltan las notas alegres
de aquel viejo xilofón.
las laminillas de colores,
igual que las mariposas
que nos regalan su vuelo
al cielo más sagrado
que siempre es el espíritu,
la magia que marcó un día
nuestra felicidad,
también la de los elegidos,
la música,
coronando la vida.

Xilófono

I

Naciste
donde la luz anuncia la mañana,
con los suaves rayos
silentes y entregados
con los que nos sorprende el sol.
Tus láminas de todos los colores
nos dieron la alegría
anunciando nuestra curiosidad,
y con las baquetas descubrimos
la ilusión de la música
que alumbró nuestra infancia.

II

Viejo instrumento humilde
que guardas
el dorado secreto
de algunas emociones
que vibran todavía
y hoy vienen a mi pluma,
la inspiración que llega
desafiando los días,
para quedarse silenciosas,
con la mayor fijeza
en mis palabras para siempre.

Nunca olvidada

Música de nuestra infancia
que hoy también se hace recuerdo,
los pensamientos azules
que guardamos en el cuerpo,
la curiosidad vivida,
sorpresa y descubrimiento,
las tardes con los amigos
compartiendo nuestros juegos,
las canciones aprendidas
que afloran algún momento
en las fechas señaladas
de los diciembres muriendo,
figuritas de colores
de aquel viejo nacimiento
que nos enseñó de niños
el poder que hay en los sueños.
Música de nuestra infancia,
carne es hoy de mis recuerdos.

Entonces

No era entonces tiempo
de canciones felices,
ni de figuras de colores,
pero aquella niñez tenía un hada
que pudo hacer milagros,
o así lo parecía,
para que corazones diminutos
alcanzasen todas las sonrisas
con que se viste la alegría.
Y ese fue el misterio
que quedó en la memoria
en un enjambre de tristeza
entre las silentes ruinas,
que envolvían el paisaje
de toda la ciudad,
con el abrazo antiguo
del irredento gris.

Siempre queda el pasado

Siempre queda el pasado.
el tiempo que redime los años y los días,
imágenes cautivas de los juegos felices
cuando nos entrenábamos
entonces inconscientes a la vida.
Siempre queda el pasado
prendido en nuestra carne
entre la pasión y la curiosidad
que después nos define.
Las canciones rompían
los grises de la tarde
anunciando el fosco de la noche
compartiendo el silencio.
Evocar nuestra infancia
es un acto que exige
recrear la memoria en diálogo abierto
y confesión humilde arrojando temores
que una vez fueron nuestros.
Y ésta es la apuesta
que sin pudor nos pide el futuro.

Lejano e infinito

El cielo era lejano e infinito,
pero como un milagro
cabía en nuestra infancia,
después aquel azul
se fue deshaciendo
en nuestras manos,
y en espiral abierta
fuimos perdiendo
poco a poco
la inocencia a pedazos.

Jamás

Jamás tendrá la culpa la inocencia
de las horas malditas,
donde el engaño encuentra
su signo repetido
que fija su residencia enaltecida
en el espacio de cada voluntad.
Jamás tendrá la culpa la inocencia
vencida en el camino,
mientras el mundo sigue
sin arrepentimiento
ajeno a la justicia
buscando los laureles
para frentes altivas.

En el colegio

Preguntó
una niña en la escuela:
profesora ¿qué hacen
en el cielo las estrellas
cuando ellas nos iluminan?
—Están escuchando quietas.
¿Y los árboles del bosque
cuando se mueven sus hojas
porque con el viento tiemblan?
—Es murmullo de sus rezos
¿Y los ríos cuando corren
con sus aguas entre sierras?
—Cantan entre las piedras.
Y uno a uno van pasando
el Universo y la Tierra.

(Reflexión,
la armonía general
que con la música llega.)

(Poema rescatado, escrito en la adolescencia)

Hoy me mueve la ilusión

Hoy me mueve la ilusión
en su gran carro de fuego,
esa emoción que descubro
que me hace sentir por dentro
con sus caballos azules,
el color del firmamento,
que me lleva entre otras cosas
algún marcado recuerdo,
esa virtud estimada
cubierta con el silencio
que un día sucediera
y que yo guardo sereno;
y así pasan las horas
que merecen un momento
de pensar en lo que fuimos
el milagro más atento
de convertirse en vergel
lo que antes fue desierto,
corazón ensimismado
que va tan solo viviendo.

Los años

Te busqué entre los dioses
que perdí con los años,
aquéllos que sentía
tan dentro del corazón
que imaginé tantas veces,
de anacarados matices
porque creía en los cielos
al amparo de la fe.
Acaso, ése fue el milagro
de relumbre infinito
que prendió en nuestra infancia.

La memoria es espejo

La memoria es espejo
que guarda las figuras
prendidas de alfileres,
para que no las borre la distancia.
A veces, entre matices plata y gris
descubrimos
los altos capiteles de los días felices;
a veces, en ese viejo espejo
nos hace muy difícil
el reconocer cómo antes fuimos,
porque el vaho de los años
enturbió las figuras
que nos propusimos olvidar.
Pero si rompemos el espejo
acaso apareciese entonces
sólo una estrella rota de cuchillos.

Queda la emoción

Ha madrugado el sol en mi conciencia,
claridad que me presta
en cada amanecer.
El universo queda lejano e infinito,
pero muy cerca está mi calle
y, como siempre, el sonido de los pasos
que bien conocen las aceras,
el canto de algún ave
rondando la ventana,
la mesa en la que escribo
algún nuevo poema
y los viejos recuerdos,
alma de las fotografías
que aún lucen en el aparador.
La casa, la casa que arropaba
secretos infantiles en las tardes de juegos,
no puedo decir que ahora es la misma,
pero sí en mi emoción.

Aquella adolescencia

Cuando llegó la adolescencia
la Naturaleza
rasgó ante nuestros ojos
un velo muy antiguo
y descubrimos nuestro cuerpo
igual que un nuevo amor,
y cómo la blanca nube nos advierte
que no siempre el cielo es azul,
y nos balanceamos en la curiosidad
sin ninguna frontera,
como el rumor del río que acompaña
noche y día el paisaje,
y entonces sentimos
que iniciábamos la vida de otra manera.

Derecho a la nostalgia

I

Tiene un especial encanto la nostalgia,
es como si el espíritu
se enredase entre los dedos
pidiendo una caricia
al tiempo que pasó,
algunas alegrías
que no han muerto del todo
y también algunas lágrimas.
Motivo suficiente es la nostalgia,
el poder de una mística que une
el yo con nuestro yo,
la mirada hacia dentro que sigue su latido
y ve cómo antes éramos,
y sin mediar instante
también cómo ahora somos,
la inocencia que queda
con ese intenso aroma
consustancial a la alabanza.

II

Cuantas veces la nostalgia
acompaña los recuerdos
la veneración perdida
que suele llevar lo viejo,
la solidez de la imagen
que representa el acero,
las promesas no cumplidas
como una llaga en el pecho,
la muerte de un amigo
porque rompe algo nuestro,
y una ilusión perdida
como apagar un lucero,
las infancias infelices
que ya no curará el tiempo
tristezas que nos invaden
cuando no se cumple un sueño.
Y tantas cosas que nos piden
refugiarse en algún cielo.

El invierno

Se asomaba el invierno a los balcones
de línea modernista
con sus flores de piedra
adornado de guirnaldas
algún rostro de mujer,
y la calle resignada
a los pasos del tiempo,
ya no recuerda
aquel corro de niñas
que un día fuimos
jugando en los portales
de un gran caserón.
Los años se volvieron de color deslucido
como viejas postales
y la vida siguió
aunque amansada por el tiempo
y deslucieran las cortinas
del callado salón,
y siga con sus horas y olor viejo
el reloj de pared.

Peldaño a peldaño

Peldaño a peldaño subo
lo que me queda de esperanza,
libro blanco, página de silencio,
una tarde ojival que mira al cielo
porque no pudo ver
con las grandes pupilas
de aquellos despiertos ojos
que nos acompañan en la infancia,
como si pretendieran
abarcar con la mirada todo el mundo
por primera vez.

II. En alas de la música

La música, el alma de la vida,
el ritmo que nos marca
en el vientre materno
su oculto corazón.

El arpa del aire

Suena el arpa del aire
imitando la música de la Naturaleza
la que abre entre sus dedos el destino,
el suave ritmo que inicia
la senda de la felicidad,
y en los silencios
hay un ángel que desciende
de la bóveda azul que nos corona
y entre sus alas un mensaje
que nos llega a media voz
con acento de madre,
palabras que se cruzan
en el dulce vaivén del espacio cercano,
el que apunta al futuro
con todos los colores
que muestra al arco iris.

De las chispas del amor

De las chispas del amor,
la música es la mejor.
Refrán

Es grande el fuego en la vida
que nos da luz y calor,
pero es mucho más grande
el fuego que arde de amor,
que con sus chispas nos trae
la música al corazón,
felicidad recibida
igual que una bendición.

Encontramos

En la música encontramos
el poder de la semilla,
la ternura de la infancia
la promesa de la espiga,
la fuerza del huracán
el candor de una sonrisa,
el misterio de la luz
que el amanecer respira,
la tristeza que acompaña
a toda melancolía,
la confianza en nosotros
como la mejor amiga,
la felicidad de un beso
que el placer siempre confirma,
la pasión de los amantes
cuando a los ojos se miran,
y el latir del corazón
que acompaña nuestra vida.

Siempre la música

La música siempre
la aromatizó el misterio
que en la armonía alcanza
la coronación de lo humano,
vertiente existencial que luce
como raíz primera
la fuerza de la inspiración,
en círculo perfecto,
y en los libros sagrados,
a través de los tiempos
se identificó con la eternidad.

La creación de un amigo

A Felipe Sanz

Recibo tu música
como ángel transparente
que con su vuelo me regala
ese pequeño paraíso
que marca la amistad,
el más alto de los dones
que alcanza el corazón.
Las blancas y las negras suaves
se entregaron
a la segura caricia de tus manos
y el piano respondió
con sonidos que llegaron hasta mí
compartiéndose el aire,
cuando aromaban las luces de la noche.
Y me colmó el placer
que la belleza siempre ofrece
al espíritu que la espera.

El ángel

Un ángel nos visita,
el que sabe seducirnos
rasgando el silencio
con las notas más dulces,
en las tranquilas horas de la tarde,
mostrando su belleza
la que llega a nuestro oído,
y así la recibimos
con el alma abierta y entregada.
El placer nos confirma
el lauro inmerecido,
y le damos las gracias
por la recompensa de la vida.

Tus notas son

DOn

REgalo de los dioses

MIrífica

FÁcula

SOLemne

LAtido

SIempre a nuestro lado.

Los pájaros alumbran

Hoy los pájaros alumbran
las horas más oblicuas de la tarde
luciendo los colores de sus plumas
y acariciando en círculos el aire,
pero se va deslizando en los relojes
el poder del tiempo inevitable,
mientras el horizonte mudo
entre las sombras lentamente yace.
Mas si la música llega a nuestro oído
con su seducción inevitable,
sentimos la belleza en lazo de oro
igual que la caricia del amante.

Escucho

Escucho la música
igual que un amor nuevo
cuando nos marca la ilusión,
como la blanca nube que nos dice
que se acerca al azul,
escucho la música
con el rumor del río que acompaña
noche y día el paisaje.
Llega la música
que aroma la esperanza
cubriendo una a una
las fisuras que deja la tristeza,
llega con el consuelo necesario
y la recia tarea de sobrevivir.
Llega la música
y siento la caricia en la piel
que nos anuncia la emoción,
cuando cuerpo y espíritu se unen
en invisible anillo.

Canción

Con música y con palabras
engarzamos la canción,
la música de tus dedos,
el poema de mi voz,
la cinta que une al arte
y desprende la belleza
que anida en el corazón.

Ha caído la tarde

Ha caído la tarde
sobre el jardín oscurecido
de los sumisos verdes
que entregan al ocaso su color,
y enmudeció la música
que vivía en nosotros,
anónimo regalo de toda fantasía.
Y perdidas las violetas de la noche
se hicieron transparentes los minutos
y se extinguió la voz,
trenzando las ausencias del último silencio,
pero quedó el perfume
prendido en mi costado
como una joya antigua
de infinito valor.

Aprendimos

Aprendimos muy pronto
el sonido que acompaña
casi siempre al peligro,
aviso en que se expresa
el minuto importante
sobre nuestra atención,
y también alcanzamos la música,
el gozo y el placer
que aroma la esperanza
rompiendo uno a uno
los retazos que lleva la tristeza,
y entre sonidos y sonidos
descubrimos el mundo,
comprendiendo lo que es sobrevivir.

No puede existir

No puede existir un dios
sin la música que exprese
toda su sabiduría,
su imagen y su poder,
cubierto por la palia más pura,
que es la fe,
la que siembra en nosotros
toda mitología.

Magia y realidad

Con la música
rescatamos los sueños
que aún quedan escondidos
en las lejanas horas
que una vez cubrió el tiempo,
y llegan como olas
rompiendo en nuestra orilla
el sabor de la sal
como un amanecer,
cuando con ojos limpios
descubrimos el mundo,
la magia y realidad en un abrazo
que sentiremos siempre.

Se entregan a la música

Cuando las palabras
añoran el misterio
se entregan a la música
entre los brazos del verso,
se elevan a la armonía
desde su latir primero,
el que genera el espíritu
para encarnarse en el cuerpo
y con la fuerza infinita
que nos ha enseñado el tiempo,
para compartir seguro
el mismo sentir del cielo.

III. Y siempre la palabra

Nacimiento

Nace el hombre en la palabra
y la palabra en el hombre,
el milagro personal
de ampliar el horizonte,
desde su mundo pequeño
a la inmensidad del orbe.

En abanico

Las palabras se despliegan
casi siempre en abanico,
con sus matices dorados
reflejos del infinito
y nos alumbran los días
también con el artificio
que nos piden los poemas
como mayor desafío,
una estimulante prueba
que existe desde el principio,
y sabe cómo alcanzar
el más brillante latido.

En cielo y tierra

En cielo y tierra indago
con la devoción de un ruego,
para que con mi palabra
refleje el alma del verbo,
el que siento yo en la carne
en el latir de mi pecho,
día tras día y mil noches
tan fiel como en un espejo
que multiplica la imagen
y acompaña el sentimiento
de lo que quiero escribir
con la ilusión de lo nuevo,
también la seguridad
del valor que hay en lo añejo,
meditación que me pide
que lo arome en cada verso,
buscando así en el poema
lo que quede como un eco
y que guarde la memoria
como si fuera un consejo,
y conseguir la armonía
por ser el mejor reflejo
de los que busca el poeta
creando un nuevo universo.

Dejad que florezca

Dejad que florezca con su aroma
la primavera feliz de la palabra
que traspasó los siglos
como un rayo de luz el universo.
Los jóvenes nos miran
con sus ojos de agua
donde aún nada la inocencia
de las cosas más puras.
Dejad el honor para los héroes
tributo de su sangre generosa
y que el mundo de la poesía
nos acoja en sus templados brazos,
y olvidad las sombras
que siempre nos persiguen,
para que sólo ella
sea la que alumbre nuestra fe.

El alma de la idea

El alma de la idea
se acoge a la palabra,
en la que nos reconocemos,
luz que alumbra el singular camino
que en solitario inicia la existencia,
para apartar las sombras
que siempre nos asaltan
igual que un bandolero.
Eres el don de nuestra esencia,
la fortaleza inevitable
que ostenta el pensamiento
para enfrentarnos al mundo,
discurso y símbolo,
que sin ignavia alguna
siempre defenderemos.

Siempre nos espera

La palabra nos espera
como la mejor amiga,
fervor en su confianza
y muy justa su medida,
un secreto que guardamos
con el dolor de una herida,
un temor en su impaciencia
como rosa presentida,
miedo de nuestra ignorancia,
como vergonzosa huída
que el tiempo ha ido marcando
como una tristeza antigua,
la esperanza en el mañana
que a perder no se resigna,
una aislada soledad
cuando añora una caricia,
el amor que un día perdimos
y sentimos su injusticia...
confidencia que volcamos
con las palabras queridas.

Voy llenando de estrellas mi infinito

Voy llenando de estrellas mi infinito
para que me iluminen
las noches que me quedan,
en las horas de algunas madrugadas
que cuelgan aún de los deseos
y nunca se cumplieron,
que aún sigo bordando
con la paciencia que pide la ilusión.
Así es cada biografía,
pues siempre es muy pequeña
nuestra naturaleza,
la que un día vestimos de colores
y hoy desnuda se entrega
a nuestra realidad.
Y ésa es la sustancia que nos hizo
entre la pequeñez y la grandeza
de nuestro existir.

El deseo respira

El deseo respira
por todas las rendijas de la noche,
pues la pasión no se resigna
a no sobrevivir,
lo mismo que la tierra que protege
su fuerza natural.
Y entonces aparece la palabra
etérea y segura,
lo mismo que la vida o que la muerte,
en la carta cerrada que suscribe
desde siempre el destino,
como llega el día y la noche
al ritmo infinito de las horas,
como llega el amor en las alas del beso.

Péndolas

Confieso mi veneración
por las plumas más antiguas,
aquéllas que en los grabados
fijan siempre la atención,
acaso porque en sus raquis
quedó olvidada la magia,
la memoria de algún ave
que en su vuelo la perdió,
o fue arrancada de una de sus alas,
quiero pensar con alma de poeta
de la que guardo yo entre terciopelo,
igual que una reliquia del tiempo que pasó
y creer que fue el milagro de un ángel
que la arrancó de sus alas para mí.

Con mi pluma

I

Con la pluma en las manos,
miras hacia los cielos
en singular ilapso,
buscando inspiración,
esa diosa bendita o maldita
de la que hablan los poetas,
enamorados o no,
inspiración que se espera que aparezca
entre los velos más tupidos de la noche,
con el alma divina que acompaña al misterio,
y que ante el fracaso del deseo
volvemos a nuestro interior,
y descubrimos la palabra.

II

Yo contemplo cada día
las palabras
donde el ritmo se ofrece
como ángel que anida
en la propia emoción,
y el sagrado sonido,
con la levedad del vuelo
que descubre el alma de la idea
sin inducia posible
a sentir la belleza
como alimento de la vida,
y que en las horas más dulces
bien reconoce el corazón.

Quiero expresar

Quiero expresar con mis versos
razón y filosofía,
sin que me falte el amor
tan vivificador del tiempo,
como esencia que soporta
la fuerza de nuestro ser,
que nos pide noche y día
modo de sobrevivir,
lo que la tierra traduce
sin piedad en la ocasión,
para dejar nuestra huella
en el camino finito
que marcó siempre
nuestro limitado ser.

Más allá de la voz

Más allá de la voz sonora y atrevida,
la palabra ofrece sus matices
como los frutos de los árboles,
y siempre es bienvenida,
señalando su esencia.
Palabra nutricia como es madre,
o la palabra cielo, apetecida,
la palabra raíz tan generosa,
palabra luminosa como estrella,
palabra oración tan bendecida,
palabra con honor como valiente,
la palabra quizás, llena de duda,
o la palabra hermano, compartida
palabra transparente como alma,
palabra como aurora luminosa,
la palabra pasión tan encendida,
palabra sin tiempo como eterno
y palabra sagrada como Dios.
Y no quiero seguir la letanía
ni terminar con la palabra muerte,
siempre tan temida,
prefiero la palabra amor,
por ser para mí, definitiva.

La rosa

El poema
es como como una rosa
con sus pétalos de versos
y el ritmo que se asemeja
a la caricia del viento,
el aroma que regala
la música y el acento
y su belleza de flama
con el mayor sentimiento.
siempre el amor y la magia
que encontramos por dentro.

A pesar de todo

Sólo el poeta sabe,
inabarcable oficio,
que hay minutos eternos
y eternidades breves,
que el universo puede
caber en una lágrima,
y que el viento logra
esconderse en el silencio
de los profundos pliegues
del humano sentir.
Sólo el poeta sabe
el misterio que se entraña
en el alma del verso.

La caligrafía

La letra era hace tiempo
carta de presentación,
y en las escuelas se enseñaba
porque era primordial.
Teníamos cuadernos con barrotes,
pequeñas líneas curvas
para imitar bien los modelos
de inglesa o redondilla
de eles, de erres y de uves,
y adornadas mayúsculas,
que siempre ha habido clases.
Más tarde traicionamos su armonía
y el cuerpo de las letras,
siguiendo los apuntes en la universidad,
porque ser fiel garantizaba
la nota en el examen.
...Y después también la vida
nos fue cambiando muchas cosas.

Máscaras

Máscaras, donde la vida aún se representa
al calor de otro pensamiento
que supo hacerse nuestro,
y también la pasión,
la línea que nos une
entre atentas miradas
que exige el escenario,
la Ética y la Historia,
cuando se hacen sensibles
ante el testigo de nuestra conciencia.
Y así representaron el mundo los antiguos,
conducta que distingue
los hombres de las bestias,
filosofía que subyace y que traspasa,
máscaras, traducidas "personas"
la trágica y la cómica, el teatro,
cumpliendo sus oficios.

Cuando la fe

Cuando la fe
queda huérfana de la palabra,
se desprende del pecho
y nos deja una llaga en el costado
con evangélico dolor,
y nos tiñe de rojo el pensamiento,
porque los dioses se alejan
de los cielos que siempre fueron nuestros,
dejando en desamparo al hombre
exánime e inseguro
para entender el mundo.
Y las nubes se visten de tormenta,
con sus colores más oscuros
amenazando el mundo
contra su voluntad.

No te voy a decir

No te voy a decir
que hay cosas que pasan
sin importar su huida,
y otras que se quedan
en nuestro calendario,
con voluntad casi infinita,
algunas como el viento,
obedientes al aire o al agua
que empapan nuestros días,
algunas como el fuego
que apagadas sus llamas
dejaron rezando sus cenizas,
y otras con vocación eterna,
aquellas aladas que admiramos
con nuestra voluntad y nuestra vida
y las guardamos lo mismo que un tesoro,
en el lugar más sagrado,
como si fuera una reliquia.

Mensaje de los dioses

Los dioses envían sus mensajes
en la lengua divina
en la que anuncia el Verbo,
señalando el camino
de la eternidad.
Y en silencio los pájaros
y callaron los montes
y callaron los árboles
y callaron las piedras
y callaron los ríos
y callaron las nubes
y enmudeció el paraíso,
y en silencio, el hombre
recibió el mensaje,
la primera palabra.

Y el silencio

Dos símbolos en el alma
la luna y el corazón,
la luna como mujer,
como poeta el amor,
los que traspasan mis días
como el bautizo mejor,
mi pluma y mi pensamiento
los que entonan mi canción,
mi poema que siempre nace
con el deseo mayor
de ser raíz en la tierra
de fruto prometedor.
Con palabras doy las gracias,
son las alas de mi voz,
para que lleguen muy lejos,
hasta el último rincón
el que el mundo me permita
y la luz que preste el sol.
Después quedaré en silencio,
como pide la oración.

Encarnado

Encarnado,
el color más humano de todos,
el color de la madre,
al que concede el misterio
el mejor baluarte,
el que muestra nuestro corazón
el que lleva en las venas la sangre,
el que nos regala el fuego
con la llama que arde,
el símbolo de la vida
con su luz más radiante,
el caliente color del verano
cuando rasga el ocaso el paisaje,
y el color de la rosa encendida
imitada en el arte
y el color que cubre nuestros labios
la pasión del beso del amante.
Encarnado: por algo es tu esencia
el color de la vida y de la carne.

Te adoraron mis ojos

Como a una virgen nueva
que la sorpresa hizo
sentirla tan cercana
regalando el misterio
de su propia figura
enmarcada en su luz,
regalándome entonces
el estuoso sentido de la vida,
el don que las diosas
llevaron en su seno,
la primera simiente
que incorpora el origen
que nos brindó el amor.

La trampa del tiempo

El tiempo es un enigma
devorador de sí,
que regala a trocitos
los años y los días,
y la memoria y el olvido,
que como tela de araña
teje en nuestra red,
el más preciado don,
que la naturaleza nos regala,
pero es también
el signo inevitable de la muerte,
mandamiento que cruza
la vida de todos los humanos
y cubre con su negro crespón
al final nuestro nombre.

Tardes de invierno

Hay tardes de invierno,
cuando la noche temprana nos visita,
extiende su manto oscuro
como una maldición,
y el frío se apodera del paisaje
como el único dueño,
y es entonces
cuando todo respira soledad;
solamente la luna indiferente,
con su melada piel
rodeada del más oscuro azul,
conoce el misterio que respira.
Mientras el hombre,
más solo y huérfano que nunca,
igual que una mejana,
con su insatisfacción y su impotencia
intenta inventarse un paraíso.

Una vez, una noche

Una vez, una noche,
que fue más que una noche,
fue también el principio feliz
del infinito que yo nunca logré;
no pudieron mis flechas
traspasar la distancia
ni los años que el tiempo,
inalcanzable
igual que el horizonte,
que se muestra a nuestros ojos
pero siempre
se aleja a nuestros pasos.

Vivir es mucho más

Vivir es mucho más que despertarse
y despedir la anoche,
es entregar las horas a nuestra libertad
y seguir el camino continuando el ayer.
Después de algunos años aprendemos
que somos nosotros el camino,
la realidad bajo nuestros pies,
que entre limo o entre flores,
arenas o pedriscos,
nos espera el futuro.

Lágrimas

Todos llevamos dentro
un río de tristezas,
humilde guadiana
que se asoma al rostro
con ojos indefensos,
cuando la pena hiere,
cuando el dolor no se resigna
ahogarse en el pecho,
quiere decir que existe,
cuando el dolor solitario es más dolor,
y es entonces cuando las lágrimas,
alerta la emoción,
acompañan a los ojos.

Soy parte del viento

Yo soy parte del viento,
poeta de la tierra
que mira el universo
y alcanzarlo quisiera,
la ilusión que persigo
desde que naciera,
sabiendo que en el cielo
una estrella me espera,
el gran sueño perdido
que buscan los poetas.

Te adivino

Te adivino muy cerca
aunque estés lejos,
te siento a mi lado
aunque no es cierto,
y oigo tu palabra
porque en ella creo,
y tu imagen está presente
aunque ahora no te veo,
y siento tu caricia
recogida en mi cuerpo,
porque así es el amor
que sabe guardar su secreto.

Derrámate en mi vida

Derrámate en mi vida
como agua que llega
en generosa lluvia
de fértil primavera,
y cubre los sentidos
de alegría de fiesta,
libre el más puro instinto
de la naturaleza,
que late en mi cuerpo desnudo
que como siempre te espera.

IV. Perlas

I

Por las grietas del silencio
la palabra siempre asoma
y con ella el pensamiento.

II

La música nos rescata
de muchísimas tristezas
y nos regala su alma
encarnada en la belleza.

III

Es la música una amiga
que siempre nos acompaña,
y nos amplía el mañana,
que Dios también la bendiga.

IV

Es la música caricia
siempre cercana al oído,
te da sentido y placer
y el mejor de su latido.

V

Muchas veces
y es cosa bien sabida,
que una canción encierra
la clave de una vida.

VI

Hay cosas del corazón,
que la cabeza no entiende
pues acaso se defiende
porque teme a la pasión.

VII

Dicen que la emoción
no tiene pies ni cabeza,
no saben que justamente
es por donde el alma empieza.

VIII

Cuando el deber y el amor
nos reclama al mismo tiempo,
hace que la vida dude
al menos por un momento.

IX

El otoño nos enseña
la brevedad de la vida,
y a veces lo olvidamos
aunque es cosa consabida.

X

Cuando la luna aparece
con medio anillo dorado,
sabemos que el otro medio
tiene en el cielo guardado.

XI

Hay caricias de septiembre
que añoran las del verano
pero es pensamiento vano
prolongar lo que se pierde.

XII

Malva es el atardecer
y la ausencia no querida,
malva el color de la pena
y el ocaso de la vida.

XIII

Y llegan los años
huyendo de la vida,
igual que una promesa
que nunca se cumplió.

XIV

Cuerpo a cuerpo
estoy en el poema
donde tú y yo
nos encontramos.

XV

Me miras y te miro,
sólo el amor puede
renunciar por un instante
a las palabras.

XVI

Va cantando con su verso
la alegría por la casa,
eso nos dijo el poeta,
cuando la pasión abrasa.

Índice

II. EN ALAS DE LA MÚSICA

III. Y SIEMPRE LA PALABRA

IV. PERLAS

Esta obra
se acabó de imprimir
con los auspicios de
Charo Fierro y
Antonio J. Huerga, editores

FINIS CORONAT OPUS